D1880162

निलय उपाध्याय

निलय उपाध्याय का जन्म 28 जनवरी, 1963 को बक्सर, बिहार में हुआ। वे हिन्दी के सुपरिचित कवियों में एक हैं। उनकी प्रमुख कृतियाँ हैं--'अकेला घर हुसैन का', 'कटौती', 'जिबह वेला' (कविता-संग्रह); पहाड़, 'अभियान', 'वैतरनी' (उपन्यास)। 'देवों के देव महादेव' सीरियल समेत वे कई फ़िल्में भी लिख चुके हैं। उनका लिखा नाटक 'पॉपकॉर्न विद परसाई' काफ़ी चर्चित रहा है। फिलहाल मुम्बई में रहते हैं और पटकथा लेखन से जुड़े हैं।

कटौती

निलय उपाध्याय

राधाकृष्ण पेपरबैक्स

पहला पुस्तकालय संस्करण
राधाकृष्ण प्रकाशन प्राइवेट लिमिटेड द्वारा
2000 में प्रकाशित

राधाकृष्ण पेपरबैक्स में
पहला संस्करण : 2025

© निलय उपाध्याय

राधाकृष्ण पेपरबैक्स : उत्कृष्ट साहित्य के जनसुलभ संस्करण

राधाकृष्ण प्रकाशन प्रा. लि.
जी-17, जगतपुरी, दिल्ली-110 051
द्वारा प्रकाशित

शाखाएँ : अशोक राजपथ, साइंस कॉलेज के सामने, पटना-800 006
पहली मंजिल, दरबारी बिल्डिंग, महात्मा गांधी मार्ग, प्रयागराज-211 001
1, अनमोल सोराबजी सन्तुक लेन, धोबी तलाव, मरीन लाइंस, मुम्बई-400 002
वेबसाइट : www.radhakrishnaprakashan.com
ई-मेल : info@radhakrishnaprakashan.com

विकास कंप्यूटर एंड प्रिंटर्स
ट्रॉनिका सिटी-201 102
द्वारा मुद्रित

मूल्य : ₹199

KATAUTI
Poems by Nilay Upadhayaya

ISBN : 978-81-19989-77-5

समर्पण

स्व. चन्द्रभूषण तिवारी के लिए

पहली बार जब मैंने उन्हें देखा
बीस का था

उनकी, मौजूदगी में मैं डरा नहीं
हँसा नहीं
फुसफुसाकर बोला

घर लौटकर मैंने बताया कि वे कैसे हैं
और उनकी उपस्थिति में
चीजें कैसे बदल जाती हैं

कल मैंने उन्हें आखिरी बार देखा
तीस का हूँ मैं

खुद से बहुत भिन्न दिखाई देता हूँ

क्रम

व्यवस्था के
दर्शन से अक्सर बाहर निकल जाता है जीवन
जीवन से बाहर निकल जाती है व्यवस्था

मनबोध बाबू के नाम पत्र

मनबोध बाबू,
तुम्हीं से मैंने जाना कि जीवन का कोई विकल्प नहीं होता।

इस परती समय में कोई घड़ी सही वक्त नहीं देती।
तारीख नहीं देते
कैलेंडर। कोई नायक, कोई मुद्दा, कोई मूल्य नहीं दिखाई देता।
आसमान की राह गुजरने वाली नदियों में कोई पाल दिखाई नहीं देती।

एक तुम्हीं हो, जो नष्ट करने की इस क्रूरतम तकनीक को विकास
नहीं मानते। इस विशाल ब्रह्मांड से निकलकर मेज की दराज में
नहीं अँट पाते।

सब्जियों से अलग हो रहा है स्वाद। साँसों से हवा। सिर के
ऊपर धड़ाधड़ गुजर रहे हैं तेजाबी पहाड़। हम क्या करें...?
कहाँ से ले आएँ उम्मीदें...? कहाँ से शुरू करें यकीन...?

कैसी हो इस समय की कविताई? कैसी हो भाषा...?

मनबोध बाबू! तुम मुझसे कहो, मैं तुमसे कहूँगा। कहते-
सुनने कम होते जाते हैं पृथ्वी के दुख। कठिन राह और कठिन
रात ऐसे ही कहती है। ऐसे ही पकड़ में आता है सिरा और
शुरू होता है जीवन...।

मकड़ी

मकड़ी
जैसे खुद बुने जाल में फँसकर दम तोड़ देती है
सुविधाओं के पीछे पागल, दम तोड़ देगी
यह दुनिया

तड़कते आसमान से
बिजली की रास पकड़ कूदने वाले पछताएँगे

सूखे नारियल में पानी की तरह बचा रहेगा जीवन

मनबोध बाबू—
मिट्टी को ईंट और पत्थर को
सीमेंट में बदलने की जरूरतों में चाहे जितना
जीवन शामिल हो—जितना विज्ञान
उससे अधिक शामिल होता है बाजार
उससे अधिक शामिल होती है व्यवस्था

व्यवस्था के
दर्शन से अक्सर बाहर निकल जाता है जीवन
जीवन से बाहर निकल जाती है व्यवस्था

डीजल-पंप

डीजल-पंप
बहुत फट्-फट् करता है मनबोध बाबू
मुश्किल है इसके आगे कुछ कहना
कुछ सुन पाना

कुछ पौधे
खुशी से भीग जाते हैं भीतर तक
और शेष, कान में उँगली
छाती पर हाथ रखकर सुनते हैं उसका
बड़बड़ाना

कितना अन्न देता है कुल अन्न का
कितना नष्ट करता है पृथ्वी का तेल।
पानी पृथ्वी का
और खुद को पृथ्वी को

धरती से आसमान तक पसरा है अपना दोस्ताना

डीजल-पंप—
बहुत फट्-फट् करता है मनबोध बाबू
मुश्किल है इसके साथ और रह पाना
मुश्किल है विनाश के बिचौलियों को
और सह पाना...।

घड़ी

बहुत दुख देती है घड़ी
बहुत दुख देता है चाभी पर कसा
जीवन

अचानक बन्द होकर
जाने कितनों को समय से बेदखल किया होगा
जाने कितनों को भरमाया होगा
कभी धीमी
कभी तेज चलकर

मनबोध बाबू—
क्या ऐसा नहीं हो सकता कि
हम फिर से कलाइयों पर बाँध लें सूरज को। तारों की गति से अनुमान करें रात का
और हमारी सुबह के गवाह हों
परिंदे

मनबोध बाबू—
क्या ऐसा नहीं हो सकता कि
हम दीवार पर जमे सारे कैलेंडर उतार दें
और ब्रह्मांड की गति में चलने के पहले

पूरी ताकत से इनकार करें
समय का पहचानने की इस तकनीक को

चाँद की कला
तारों के जल और हवा की गति से बेदखल
यह जीवन—चाहे जितना सहज हो
जितना शालीन
हमें रास नहीं आता।

गोभी के फूल

पहले-पहल घर आए गोभी के फूल
खूब खिले घर आए गोभी के फूल
जीभ-जीभ तैर गए
गोभी के फूल

माँ को जवानी के दिन याद आए
पिता को छबीला साहु का भोज
पत्नी मुस्काई
ताली बजाई बच्चों ने

बहुत दिनों बाद अच्छा लगा यह मौसम

एक ही साथ पीढ़े पर जमा मेरा घर
परोसी जाने लगी झकाझक रोटियाँ
गोभी की सब्जी!
आह!
एक़ ही कौर में तर हो जाएगा जीवन

मनबोध बाबू
मत पूछिए कि आगे क्या हुआ
पहले ही निवाले में जाने क्या खो गया

कि सभी देखने लगे और देर तक देखते रहे
एक-दूसरे का भक्क्...

पिता के चेहरे पर दादा की बरसी-सा गम
बगैर हाथ धोए उठी माँ
और देर तक
देर तक सुनाई देता रहा उसका बड़बड़ाना।

कटौती

दूध बन्द कर देंगे हम

सरसों तेल एक किलो, आधा किलो डालडा
चाय सिर्फ एक बार, साबुन रविवार को
बच्चे बड़े हो रहे हैं—स्कूल
पैदल जाएँगे

इच्छाओं की पचखियाँ छाँटते जाएँगे
जरूरतों की शाखें काटते जाएँगे
नाप-तौल कर बनाएँगे
बजट

कुछ कम खाएँगे
कुछ गम खाएँगे

फिर भी अगर बिछती ही जाए जीवन की घाटों पर रेत
चौड़े और चौड़े होते जाएँ जरूरतों के पाट
किसी अदृश्य तरबूज में समा जाए
पुरखों की नदी
और सँभाल में नहीं आए घर का व्याकरण

तो तुम्हीं कहो मनबोध बाबू
हम क्या करें—कहाँ जाएँ
इस कटाव में
किसी तटवर्ती गाँव की तरह भहराकर
किसी नदी के पेट में समा जाएँ
या किसी धारदार चाकू की तरह खुलकर
बीच राह में खड़े हो जाएँ...

तुम चुप क्यों हो—
कुछ बोलो मनबोध बाबू।

इस बार छठ में

इस बार छठ में
जाने क्या हुआ कि नहीं मिला
टी-सीरीज का, छठ गीतों वाला, अनुराधा पौड़वाल का
कैसेट

भाभी ने ना कहा
और नहीं गई घाट पर, बहनें
गई और नहीं गाया कोई भी गीत
माँ और दादी के स्वर जैसे विलाप में तब्दील हो गए थे
किसी अदृश्य बहेलिए के तीर से बिंधा रहा, छठ गीतों में
फलों पर मँडराने वाला तोता

मनबोध बाबू—
बहुत संकट का व्रत है छठ
पानी पाने की इच्छा तक नहीं जाती कंठ में
आवाज सुनाई दे तो बिखड़ जाता है पारन
यह सब कुछ जाने कहाँ गुम हो गया
नहीं होकर रह गए फल
पकवान
और सारे के सारे मिष्ठान

व्रत और
उपासना में प्रवेश कर रही हैं ढेर सारी चीजें
बदल रहा है जीवन, मनौतियों से तीव्र होकर टहल रही हैं
अराजकताएँ
आखिर यह कैसे सोच लेता मैं कि इतना जरूरी हो जाएगा
यह कैसेट
और तीन दिनों का निर्जला व्रत रखने वाली मेरी भाभी
नहीं जाएँगी घाट पर।

छह सौ रुपयों में...

तरबूज के खेत में
मचान पर सोए
अंधे और अपाहिज बबूल सिंह के पास
अगर पहुँच सकते हैं हत्यारों के हाथ
तो वे कहीं भी पहुँच सकते हैं
हमारे पास भी

वे पहुँच सकते हैं मनबोध बाबू
एक ही धमाके में खत्म कर सकते हैं
हमारा किस्सा
हमारी बतकही

हालाँकि
हमने उनके खेत नहीं उखाड़े
न हत्या की उनके पिता की
हम तो उन्हें जानते तक नहीं फिर भी
वे आ सकते हैं

धरती से हमारा निशान मिटा देने की नीयत से नहीं
सिर्फ जाँच करने के लिए अपनी उस शुरुआत का
जिसे बेचता है अपने गाँव का लालसा लोहार
महज छह सौ रुपयों में

माहिर
बहुत माहिर कलाकार है लालसा लोहार
छह फायर तक गरम न होने की
गारंटी के साथ चलता है
उसका धंधा

वे आ सकते हैं मनबोध बाबू
लालसा के घर से निकलकर सीधे हमारे पास
एक बार हमारे सिर पर अपनी ध्वजा लहरा लेने के बाद
इस नए रोजगार में
बहुत तेजी के साथ बदलेगा उनका जीवन
उनके समीकरण

खौफ—
और सर्वाधिक मुनाफे के इस रोजगार में
शरीक हो रहे हैं भले मिहनती और ईमानदार बच्चे
हमारे घरों के
जैसे घर-घर में रिवाज था देवता होने का
होने लगे हैं आग्नेयास्त्र

बाजार
और उसके नए ग्राहकों के बीच
अगर आ सकते है अंधे और अपाहिज
बबूल सिंह जैसे लोग
तो हम भी आ सकते है कहीं, किसी दिन

चोंच में—
बारूद का अंडा दबाए चल रही है चींटियों की पाँत

मनबोध बाबू
यह सब कुछ

सिर्फ मौत से डर जाने की बात नहीं है
कोई कोटर, कोई गुफा नहीं इसका समाधान
बच्चों के मरने से अधिक भय होता है
यम के परीकने का

मान लो
मान लो वे पहुँच जाते हैं हम तक
या पहुँचते हैं किसी और गाँव, किसी और देश में
किसी और के पास, तो सोचो
जरा सोचो मनबोध बाबू

कहाँ तक पहुँच गए हैं बाजार के हाथ
कहाँ तक गड़ी है बाजार की आँख।

नरकट

पहली बार
जब मैं कमीज की ऊपर वाली जेब में
नई कलम खोंस कर निकला था, मेरी छाती
फूल गई थी

उसके बाद
घर में कभी नहीं आए नरकट
सरकंडे नहीं आए, स्याही की टिकिया और सोख्ता भी नहीं
मेरे साथ रही उन सबकी स्मृतियाँ
जिन्होंने मेरी लिपि को आकार दिया

कभी स्याही बदलता
कभी नीब
गरम पानी से धोता-पोंछता
ग्रीस लगाता, बतियाता, वर्षों तक चला यह क्रम
एक-दूसरे को रचते रहे हम

एक दिन खो गई थी
पता नहीं कैसी थी दूसरी न लेने की जिद्द
जाने क्यों थी पढ़ाई छोड़ देने की धमकी
डाँट खाने से बहुत बड़ा था, उसके
खो जाने का दुख

मनबोध बाबू
नरकट और सरकंडे अब भी उगते हैं
जीवन के पास, बहुत पास
वे क्यों नहीं फैल जाते मेरे बच्चों के जीवन में
उनकी रगों में क्यों नहीं दौड़ती, जामुन के छाल-सी स्याही

और बबूल के लासे-सा कोई गोंद

पृथ्वी के वैभव से अलग हो रहे हैं मेरे बच्चे
सृजन से अलग हो रहे हैं मेरे बच्चे
अपनी जरूरतों का कुछ भी नहीं रचते
मेरे बच्चे

गुल्ली और डंडा भी नहीं

मनबोध बाबू
सच-सच बताना
क्या कसूर सिर्फ मेरा है कि रोज बाजार से
लेकर आता हूँ कोई ऐसी कलम
जिसका अर्थ—
स्याही के साथ खतम हो जाता है।

मोटांजा

टांगुन की बालियाँ
तोते की चोंच में
साँवे का दाना
सात परतों के भीतर
मुहावरा कोदो देकर पढ़ने का
और अपनी राम रंग तीसी
मनबोध बाबू—
महीनों हो गए खेत-खेत घूमते
घर-घर पूछते

मौसम का कंधा बदलते
वापस लौटते
अर्थी दल की तरह खामोश
जैसे नीलहों के गुलाम हो गए हैं
अपने खेत

न दोहे बचे मौसम कवि घाघ के
न भड्डरी के रोपनी गीत
न दाँत दाने बर्रे के
कुर्ते के भीतर जौ की बालियों के सरकने के पहले
तीन कट्ठे का अजगर फुफकारता है
सात-समंदर पार

मनबोध बाबू
महीनों हो गए घर-घर पूछते
खेत-खेत घूमते और महसूस करते कि
जिन्दगी...प्यार और साथ मिलकर गाए जाने वाले
गीतों में रचे-बसे लोग और उनके खेत
घिर गए हैं
सिक्कों और स्वाद से

वे तमाम पौधे
जो कभी रोपे नहीं जाएँगे—घेरते हैं मुझे
अपना जीवन भरपूर जीने की ललक से
बहुत धक्-धक् करता है मेरा दिल
मन करता है रोऊँ
जोर-जोर से चिल्लाऊँ...मोटांजा...मोटांजा।

कोई फर्क नहीं होता

कोई फर्क नहीं होता
हम होते यहाँ
या कहीं और

सचमुच
कोई फर्क नहीं होता
मेरे जैसे लोग, जो सब कुछ कर सकते हैं
सरसों के फूलों से आकाश गंगा गढ़ सकते हैं
उतार सकते हैं हिमालय से नदी
कुछ नहीं चाहते
सिवा दो जून की रोटी
और पागलों-सी बतकही के

पिता के जूते पहनते हैं
हँसते हैं
और लड़ते हैं विश्वयुद्ध

हमारी हँसी को
समझ पाना कुछ कठिन होगा मनबोध बाबू
हँसी की खामोशी को समझ पाना और कठिन
आपके लिए सबसे कठिन होगा इस वक्त
हमारा इतमिनान

इस विराट पर्वत श्रृंखला के पत्थर हैं हम
मधु छत्ते के नर
आदि पुरुष हैं हम, हमारे लिए
छत्तीसों बन्धन खोल कर खड़ी होगी, प्रकृति।

एक बार फिर...

जब—
बगैर किसी आँधी के गिरने लगते हैं पेड़
बगैर किसी युद्ध के मरने लगते हैं महारथी
पूरा हो जाता है ब्रह्मा का दिन
सदी हिलने लगती है
यूँ ही—
यूँ ही मच जाती है चिल्ल-पों
यूँ ही पसर जाता है शोर

मनबोध बाबू
आप क्यों शामिल हैं इस गैर जरूरी होड़ में
जब कोई आवाज साफ सुनाई नहीं देती
रास्ता
दिखाई नहीं देता

जैसे अंडों के खुलने तक चुप रहते हैं चूजे
जैसे चूजों के तैयार होने तक नहीं खुलता अंडा
दुनिया में
दुनिया से अलग और चुपचाप
घटित होती है एक नई दुनिया

यही वक्त है
जब हमारे और तुम्हारे जैसे लोग
खुद से उधेड़ते हैं एक युद्ध
बुनते हैं सन्नाटा
और नीबू में—
रस की तरह पकने के लिए छोड़ देते हैं
मनबोध बाबू
बहुत कुछ कहने का वक्त यह नहीं है
वहुत कुछ सुनने का वक्त यह नहीं है
किसी भी होड़ में ताबड़-तोड़ शामिल होने का वक्त
यह नहीं है
प्रायश्चित्त को रुदन से अधिक कारगर होगी
सृजन की मुस्कान

थम जाएगी यह चिल्ल-पों
थम जाएगा यह शोर
बज उठेंगे चोंच में चीनी लेकर चींटी के पाँव
और चूल्हे पर फूलती रोटी की तरह फूट जाएगी
हम सबकी खामोशी

एक बार फिर रची जाएगी यह दुनिया
एक बार फिर गोल होगी यह पृथ्वी।

अगला पाठ

गेहूँ में
घुन की तरह हैं हम तुम
गेहूँ में घुन की तरह मनबोध बाबू
हम
और तुम

बोरे में
बहुत-बहुत दाने हैं गेहूँ के
बहुत-बहुत दानों के बीच
किसी एक दाने में हैं
हम
और तुम

बोरा
बहुत-बहुत बोरों के बीच हैं
बहुत-बहुत बोरों के साथ
किसी जहाज में हैं
हम
और तुम

समुद्र के बीच
लहरों पर सवार है हमारा पोत

हमारे साथ चल रहे हैं वे तमाम लोग
जो एक-दूसरे का गला काटने पर तुले हैं
और वे तमाम लोग भी
जो बालू पर लेटकर सुनते हैं
तारों के गीत
हम नहीं जानते अपनी सीमा, अपने विस्तार
और इस जीवन को
असीम तट हैं जिसके... पड़ाव अनगिनत

बेशक
हम एक गेहूँ से निकल दूसरे में समा सकते हैं
निकल सकते हैं जहाज के तल पर
और...
लहरों की उठान के बीच
देख सकते हैं समुद्र को

रंगहीन खर
जड़हीन दरख्त, लहरों की उठा-पटक
मछलियों की गतिशीलता और हलचलों में
कहीं नहीं दीखता समुद्र
वह भासता है अपने तलों की अभेद्य शान्ति में
या चंद्रमा के सिरे से फैलकर फूटती
किरणों के उस आमंत्रण में
जिसके लिए बार-बार ज्वारित होती है
अथाह जल राशि की ललक

लहरें भँवराती हैं
बिलकुल हमारी तरह भर उठती है खीझ से
और बावलेपन में
अपनी पूरी ताकत
और बदली हुई मुद्राओं के साथ

निकल जाना चाहती है तट के बाहर
किन्तु समुद्र की मर्यादा से बाहर निकल पाना
कभी सम्भव नहीं होता

जैसे पृथ्वी
अपनी धुरी पर घूमने की गति से तय करती है
गोलाई सूरज की
यह जीवन भी तय होता है छोटी-छोटी जरूरतों
और दैनिक क्रियाओं में
जिसके पल-पल की परिधि में कंपास के सूइयों-सी
हिलती रहती है संयम की नोक

हम चल सकते हैं तेज
बहुत तेज
पर बाहर नहीं निकल सकते इस महान गति से
जिसकी गति में शामिल हैं हम
जिसकी जैविक क्रियाओं में शामिल हैं हमारी क्रियाएँ
जिसके संकेतों में सुनाई देता है जीवन का अनहद नाद
हम चाहकर भी नहीं अलग हो सकते
हम महान सम्पदा से

मिट्टी की परतों के अँधेरे में
गेहूँ का बीज
पहले-पहल जब खोलता है आँख
तो अपने भीतर की हर जीवित ऊष्मा के साथ
वहाँ कौन पहुँचता है और सोहर गीतों की सारी
पुलक के साथ
शामिल हो जाता है उसके जीवन में

ढाई साल की बच्ची
तितली के पीछे भागती फूल तक पहुँच जाती है

तेज धूप में पंख पसार लेते हैं मेघ
किसी खपरैल छप्पर पर बारिश का सरगम
या गाय के थनों में हुमक कर जब मुँह मारता है बछड़ा
मनबोध बाबू
यह सब कुछ चाहे जितना खूबसूरत हो
उससे अधिक खूबसूरत है जिन्दा होना

सागर मंथन के बाद निकला यहीं था अमृत-घट
यहीं थी रिद्धि-सिद्धियाँ
कल्प-वृक्ष और कामधेनु यहीं थे
इसी के लिए गढ़े गए हथियार
लिखे गए वेद और पुराण
और पाताल से खींचकर निकाली गई गंगा

सोचो
जरा सोचा मनबोध बाबू
अगर सूख जाए यह गंगा ठीक उसी वक्त
जब सूख रहा हो हलक
या ठीक नाक के पास आकर टूट जाए हवा के पंख
जरा सोचो उन तमाम लोगों के बारे में
जो धरती को ले जा रहे हैं
मौत और यातना के अँधेरे मैं

एक नन्हा बादल
बार-बार ढक लेता है हमारे सूरज को
एक पोत बार-बार पीछा करता है समुद्र का
और टाँग देना चाहता है जीवन की ध्वजा पर
जमे हुए रक्त के सलमा-सितारे

ध्वनि
प्रकाश और चमत्कारों के खेल चाहे
जितने रोमांचक हों
चाहे जितनी मनभावन हो इत्र के फाहों की हवा,
चाहे जितने गहरे धँसे हों बनिज के खम्भे
और चाहे जितने मजबूत

इन तमाम ऊँचाइयों के बाद भी जस की तस है
आदमी की बुनियादी जरूरतें

इससे पहले कि
निरर्थक चकाचौंध हमार रक्त में समा जाए
इससे पहले कि हमारी चीखों पर बज उठे उत्सवधर्मी नगाड़े
चलो, चलो पोंछ लें पाँवों के निशान और लौट चलें
ग्रहों-नक्षत्रों और जीवन के महान आकर्षण के बीच
चलो पड़ताल करें वह रास्ता
जो आगे बढ़ने की होड़ में कहीं छूट गया है
सुदूर जंगलों पहाड़ों से बचाकर लाई गई
तेज पत्ते-सी
जीवन की यह अनोखी वन-गंध
लोककथा नायकों और लोरियों की छाँव में बचे
इस जीवन से
कुहासे और ठंडी हवाओं का यह मौसम—
चाहे जिसकी गलती हो
पतझड़ का उफान—चाहे
जिसकी गलती हो
चलो क्षमा करें

इच्छाओं की
कभी खत्म न होने वाली होड़ से अलग

नैतिकता और प्यार का कारोबार है ये दुनिया
नैतिकता और प्यार की संतान हैं
हम
और तुम

मनबोध बाबू
सचमुच अच्छा लगता है
बच्चों की तरह विस्मय के साथ समझना
जीवन का हर अगला पाठ
दिन-ब-दिन की तल्लीनता से करना प्यार
और जिन्दा रहना साथ-साथ।

सबक

वे बनाएँगे महँगे सामान
हम नहीं खरीदेंगे

वे तय करेंगे सदी का रास्ता
हम नहीं चलेंगे

मोहक विज्ञापनों का असर नहीं होगा हम पर

एक मुट्ठी अन्न
रोज कम खाएँगे और बचाएँगे बीज

दुनिया में—
विरोध के सारे हथियार जब चूक जाएँगे
फिर भी बचा रहेगा हमारा असहयोग
हमारी आत्म-निर्भरता।

मुझे नहीं चाहिए

मुझे कल्पवृक्ष नहीं चाहिए
नहीं चाहिए कामधेनु

इस पृथ्वी पर
जिन्दा रहने के लिए मुझे इतना ही अन्न चाहिए
जितना चींटी अपने चोंच में लेकर चलती है
उतनी ही जमीन कि पसर सके लौकी की लतर
और उतना ही कपास कि ढक जाए
लाज

स्मृतियों से कल्पनालोक तक एक सड़क
और नैतिक होने भर शिक्षा

किसी कुबेर का खजाना हमें नहीं चाहिए

हमें नहीं चाहिए मगरमच्छों से भरी
दूध की शातिर नदी।

मेरे युग का नायक

कुछ भी नहीं अवैध
कुछ भी नहीं परहेज
सफलता की राहों में कुछ भी नहीं अस्वीकार
चाहे जैसे हासिल हो—हासिल हो उपलब्धियाँ

एकतरफा विकास मंजूर
मंजूर हमें
उत्पादन से दूर कोई काल्पनिक कुबेर
सब कुछ मंजूर, हमें सब कुछ मंजूर

मजबूत हाथ और नैतिक आत्मा
तुम्हारी जरूरत नहीं फिलहाल

अहा!
जैसे राजकुमार दिखता है
महीन इच्छाओं और महँगी गाड़ियों का स्वामी
मेरे युग का नायक
मेरे गरीब देश का बेटा।

जरूरतें

पहले तय होंगी उनकी जरूरतें
फिर मेरा गुनाह
मेरी सजा तय होगी

पुत्र जन्म की खुशी में
पुरोहितों के लिए मांस की जरूरत होगी, डफली के लिए
चाम की
एक तीर मेरा पीछा करेगा
चाहे लाख तेज भागूँ मैं
चाहे लाख आँसू धार बहाए मेरी हिरणी—
मारा जाऊँगा

चाकरी बजाएगा
उनके आँगन के बीचोबीच मेरी चिता सजाएगा
मेरी आँच, मेरा धुआँ, मेरी राख तक का होगा
बखूबी इस्तेमाल
और तमाम नए रंगों, तमाम खुशबू से रिझाएँगे
सोलह श्रृंगारों से सजे उनके बाजार

वे बार-बार दुहराएँगे अपनी जरूरतें
बार-बार तय होगा मेरा गुनाह
मेरी सजा...।

इसी पृथ्वी पर

मैं फिर से लूँगा नया जनम
इसी देह में

पत्तों के दोने का पानी नहीं पिऊँगा
यमदूतों के डंडे नहीं खाऊँगा
नहीं भटकूँगा
चौरासी लाख योनियों में

अब तक जो था मैं
मेरा कोई वास्ता नहीं उससे
मैं किसी चाल में नहीं आऊँगा

जैसे पुरानी होकर कमीज उतरती है
क्रियाएँ उतरेंगी—उतरेंगे विचार
चमड़ी की झुर्रियाँ
चेहरे की उदासी उतरेगी
आत्मा से उतरेगा परमात्मा

मैं बहुत सवेरे जाग जाऊँगा
और हजारों साल जीऊँगा
इसी पृथ्वी पर...।

कुकुरौंधे

तार-तार रुई के रेशों से गर्दन के बाल
भाले के फाल-सी पत्तियाँ
छोटे-छोटे फूल
बड़े खुटचालू हैं कुकुरौंधे

उग जाते हैं
मेड़
दीवार की फाँक
और ऐसी हर जगह पर
जहाँ कुछ भी उगने की उम्मीद नहीं होती

बसंत से
उनके साथ बन-ठन कर निकलती है धरती
मह-मह महकती है
गहनों से लदी

चटनी नहीं होते
गाय के थनों से नहीं उतरते, कोई दवा
कोई मरहम नहीं होता उनका

वे आदम जबड़ों की सभ्यता के खिलाफ खड़े हैं
पृथ्वी की प्रणालियों में।

दो फसलों के बीच का परती समय है यह
खेत की चमड़ी चबाते
कंधों तक
चढ़ आए हैं बेहया

यहाँ नहीं हूँ मैं

गया नहीं हूँ कहीं
यहाँ नहीं हूँ मैं

आने वाले आएँ
मुझे देखें और खुश हो जाएँ
मेरे कपड़े, मेरी कुर्सी, मेरी चमड़ी के पार
देखनेवाले
बताएँगे असली बात

किसी के आगे चीखना
किसी के आगे रोना
दया और दान के लिए पसारना हाथ
नाम से नाम जोड़कर कमाना नाम
मुझ तक नहीं पहुँचती इस अंतरिक्ष की रस्सी

जिस संवेदना
जिस भावुकता के सम्मोहन में खिंचा आया था
खिंचता जा रहा हूँ लगभग उसी सम्मोहन में
खुल चुकी है मेरी नाव, निकल गया हूँ दूर

मेरे साथ चल रही है मेरी
दफ्न नदी

मेरा मन कह रहा है
यहाँ नहीं हूँ मैं।

बेहया

किसी काम नहीं इनका हरापन
मवेशी भी नहीं खाते इन्हें

पाँव रोपने की जगह नहीं जड़ों में
फलियों में जुगाड़ नहीं एक जून का
ये बीहड़ हैं
और बीहड़ों के बाड़ नहीं होते

कुदाल होने से लोहा डरता है
बेंट होने से लकड़ी
आग नहीं चढ़ती इनकी चमड़ी पर
उखाड़ फेंको तो फफन कर फैलते हैं
कमबख्त

दो फसलों के बीच का परती समय है यह
खेत की चमड़ी चबाते
कंधों तक
चढ़ आए हैं बेहया

आँधियों की सरहद पर खड़े हैं पेड़
आसमान की ओर मुँह उठाए खड़ी हैं
नील गायों की पाँत

और उनके खुरों की मिट्टी में
किसी नवजात को जन्म देने के लिए
ऐंठ रही है पृथ्वी की कोख।

अगिन बैताल

स्वागत
स्वागत हे अगिन बैताल

आप आएँ
आँधी बन छप्पर उड़ाएँ
बाढ़ बन बहा दें
गाँव के गाँव

आपके स्वागत में
तलवार उठाएगी सुबह की धूप
आप आएँ कि उग सकें
हवा के दाँत

आप आएँ
कि सूख जाएँ गन्नों की मिठास
आप आएँ कि झड़ जाएँ चने के फूल
आप आएँ कि सड़कें सुरंगों में बदल जाएँ
आप आएँ कि भभक सकें लपटें
आप आएँ कि उतर सके आँगन में गिद्ध

आप सड़क पर चलें कि अकाल त्योरियाँ चढ़ा सके
झटका दे सके भूकंप

आप आएँ कि जख्म से भर जाए पृथ्वी का सीना
आप आएँ कि टूट सके रिश्तों की गाँठ

आप पेड़ों को पत्थर की तरह चलाते आएँ
आप पहाड़ों को गेंद की तरह लुढ़काते आएँ
आप नदियों को गर्दन में कस दें
ये मुआवजे
ढक लेंगे पृथ्वी का दुख

पीछे पर जमें, आप आएँ
आप खाएँ
आप पीएँ

आप हाथ धोएँ कि और खारा हो सागर
आप हाथ पोंछे कि और गंदा हो पृथ्वी का दामन
आप आएँ कि संकट टले
आप आएँ कि संकट बढ़े
आप आएँ कि सच हो सके सियारिन के सपने

आप आएँ
कृपया जूते पहन कर न आएँ
जिनसे शिनाख्त हो जाती है आपकी
हर बार

हे अकाल!
महाकाल!!
अगिन बैताल!!!
आपका स्वागत है बिहार में।

लौह-संतरी

कहीं गए थे कल रात
मन्दिर के दरवाजे से सटे
खड़े
लौह-संतरी।

सिर पर लाल टोपी
हरी वर्दी
कंधों पर आग्नेयास्त्र
बूट बाँधकर खड़े थे कल शाम
हंड़बड़ी में कहीं जाने को तैयार

किसी ने उन्हें जाते नहीं देखा
आते भी नहीं देखा किसी ने
यह बात और है कि
जुलूस निकला था
उत्तेजक नारे रौंद रहे थे शहर

चौराहों पर
ठेला लगाने वालों की जगह, दुकानें
औरतों की अस्मत जब लूटी जा रही थी

पसर रही थी आगजनी और खौफ
अपनी जगह नहीं थे लौह-संतरी

किस राह से
पता नहीं कब आए
और खड़े हो गए मन्दिर के दरवाजे से सटे
लम्बी साँस ली—हौले मुस्काए
जैसे शहर के बारे में उन्हें कुछ नहीं पता।

जोकर

सबसे पहले किसे जलील करते हैं जोकर?

खुद को।

उसके बाद किसे जलील करते हैं?

समाजियों और नर्तकों को।

और उसके बाद?

उसके बाद
बहुत आक्रामक हो जाती है जोकर मुद्रा
वे हँसते हुए उतार लेते हैं
देवताओं के कपड़े

जो जानते हैं अश्लीलता की ताकत
और समाज में
उसे सिद्ध करने की कला
सिर्फ जोकर नहीं होते।

पत्थर का पेड़

जैसे पेड़ की शाख पर बैठने से
बन्दर को
कोई रोक नहीं सकता

कोई नहीं अलग कर सकता तुम्हें
सिंहासन से

तुम पत्थर के पेड़ हो
पत्थर की है तुम्हारी शाखें
तुम्हारे फल

तुम्हें गला नहीं सकती शिकायतों की बारिश
तुम्हें उखाड़ नहीं सकतीं मैदानी हवाएँ
तुम पत्थर के पेड़ हो

हर देश की मिट्टी में गहरे धँसी हैं
तुम्हारी जड़ें

तुम्हें उखाड़ने की कोशिश में उखड़ गए
जाने कितने हाथ, जाने कितनी हड्डियाँ हिल गईं
तुम्हें हिलाने की कोशिश में।

तुम्हारी शाखों में उलझ गई है यह सदी
यह समय

किसी ऐतिहासिक योद्धा की तरह
इंद्र को पराजित कर
स्वर्गाधिपति होने के दंभ से भरे जब हँसते हो
मुझे दिखाई देती है बारूद की सुलगती सुतलियाँ
और एक महान विस्फोट।

तीन जन

संसद की दहलीज पर खड़े हैं
तीन जन

अन्दर नहीं आते
बाहर नहीं जाते
करते हैं इंतजार अपनी सजा का

फैसला दो
जल्दी फैसला दो
कौन सबसे अधिक खतरनाक है तीनों में
किसकी प्रतिभा, किसके विचारों के पीछे छुपे हैं
सबसे शातिर लोग

जीवन से लम्बी, मौत की दूरी पार कर
खड़े हैं तीन जन

गुजर गए हैं संसद के पचास साल
पचास कल्प से अधिक लम्बे ये पचास साल
फैसला दो
तीनों बता रहे हैं आप अपने को सबसे अधिक
खतरनाक

एक नंगा खड़ा है
दूसरा जिद पर अड़ा है
तीसरे को शर्म ही नहीं आती
एक का चेहरा थूक की पीक से भरा है
दूसरे की देह पर टँगी हैं गालियाँ
उलाहनों से
काला पड़ गया है तीसरे का अतीत
तोड़ डाले गए हैं तीनों के अंग-प्रत्यंग

संसद की चौखट पर पसर गई है तीन जनों की
काया
खड़-खड़ा रहे हैं संविधान के पन्ने
उखड़ रही हैं तीन जनों की साँस

बोलो
जल्दी बोलो संगमा
सबसे खतरनाक कौन है तीनों में
क्या है उसकी सजा?

स्वस्तिक

चालीस प्रत्याशियों के लम्बे
इस मत-पत्र में
कहाँ
कहाँ लगाऊँ मैं अपनी मुहर

एक-दूसरे को धकियाते
मुझे रिझा रहे हैं
मेरी ओर बढ़ रहे हैं स्याही के चालीस धब्बे
पीले रंग के एक कागज पर झुका हूँ मैं
इस कागज का रंग मिलता है—सरसों के फूल-सी
गदराई
मेरी बहन के उस आँचल से
जिस पर सरे बाजार मंत्री का भैंसा...

एक-दूसरे को पछाड़ते
मुझे डरा रहे हैं
मेरी ओर बढ़ रहे हैं
अपनी-अपनी आकृतियों में हथियार बन्द
मैं लाल रंग के एक कागज पर झुका हूँ
मुझे दिखाई दे रही है रक्त की नदी
और तैरते काले नाग

नहीं
दादी की कहानी में बसे तोतों पर
मैं नहीं लगा सकता अपनी मुहर
जो रहते हैं
सात समंदर पार, जहाँ बसते हैं राक्षसों के प्राण
जो हर लेते हैं राजकुमारी को

जी करता है
जी करता है उछाल दूँ
हाथ उठा पकड़ लूँ आसमान में बसी बिजलियों के
केश
और खींचकर पटक दूँ
चालीस प्रत्याशियों के लम्बे इस मत-पत्र पर

मैं तो चाहता हूँ
जीवन और सुकून से लबालब
सरसों के फूल और नवजात के नाभि-नाल-सा
धड़कता हुआ

एक निशान, एक मामूली-सा नाम

जिस पर फिलहाल यकीन किया जा सके
एक रास्ता—जो मेरी किताबों
मेरे खेतों से चलकर आया हो

मुझे क्षमा कर देना मित्रों
चालीस प्रत्याशियों, चालीस प्रतीक चिह्नों से लदे
इस मत-पत्र में खाली है वह जगह
जहाँ रोप सकूँ मैं अपना पवित्र
स्वस्तिक।

कारागार

उन्होंने तुम्हारे खिलाफ सबूत जुटाए
पकड़ा
और डाल दिया कारागार में

तुम्हें दीवारों के भीतर
और मुझे
दीवारों के बाहर

तुम्हारी हालत फिर भी खराब नहीं मुझसे

किसी प्राथमिकी
किसी घोटाले में मेरा नाम नहीं है
फिर भी तुमसे अधिक सजा, तुमसे अधिक
कारागार ढोता हूँ

और देश में
ज्यादातर लोगों का यही हाल है
आजकल।

पाँक से नहीं डरते पृथ्वी पर पकड़ रखने वाले

पिछड़े

जिनके केश काले हैं
और कमीज सफेद

जेठ की धूप
भादों की बरखा और पूस की ठंड से
जिनका कोई वास्ता नहीं

जो मौसम को जूते की तरह पहनते हैं

हवा
जिन्हें पालने पर झुलाती है
जिन्हें सींचते हैं मेघ

हर सुबह
धूप के पन्नों पर लिखा अखबार
जिन्हें जगाता है और जो खुद
ताजमहल हैं

वे भी पिछड़े हैं

उनका प्यार...उनकी घृणा...उनकी पसन्द
सबसे अच्छे लोगों की तरह है

गंदी बस्ती से गुजरते उनके मुँह में
थूक होता है
नाक पर रूमाल
बच्चो की फटी पतंग पर नहीं
शहर की नाक पर जिनके घर हैं

वे भी पिछड़े हैं

वे बहस चला रहे हैं
कि उनके सरोकार पिछड़े हैं

उनकी जेब में नारे हैं कंधों पर व्याकरण

वे मौसम की बात करते हैं
और छाते में रहते हैं

उन्हें दुख है कि वे पिछड़े हैं
वे खुश हैं कि
पिछड़े हैं।

सड़क-1

एक तो अपने खराब थी यह सड़क
दूजे ये अंधे मोड़
मरम्मत के प्रयासों ने किया है इसे
और भी खराब

उखड़ गई है
लगभग बन्द हैं इससे जुड़े रास्ते

अपने आप में दुर्घटना है इस सड़क की यात्रा

जैसे किसी भोथरे उस्तरे के नीचे चल रहे हैं
और हिचकोले
उखाड़ रहे हैं पाँव के नाखून

फिर भी
इस वक्त सुखद है जानना
कि सड़क के दोनों ओर
भरीत की मिट्टी और घासों के बीच बने हैं रास्ते

और लोग
तय कर रहे हैं अपनी दूरियाँ।

सड़क-2

कहाँ है मेरी सड़क
मेरा राजपथ

लाख जतन करूँ
रास्ता नहीं मिलता लाख चलूँ
जस की तस बनी रहती हैं दूरियाँ

कहाँ फँस गए हैं मेरे पाँव
मेरे जूते

तेज चलने के प्रयास में घिसट रही है मेरी चीख
मेरे तलवों में साँस ले रही हैं
शिराओं में
कल्ले फेंक रही है सड़क की गिट्टी

मेरे पाँव पत्थर हो रहे हैं
और सड़क
मेरे भीतर घुसी जा रही है

हजार-हजार तलवों के दाब से बने
अँधेरे में—

चाँद की तरह चमकने वाले, मेरे मिलकी
खेत के डँड़ार, मुझे बचाओ
मुझे बचा लो मेरे गाँव की पगडंडी।

बस्ता

भारी
बहुत भारी है बस्ता

बस्ते में
पृथ्वी
बच्चों के गेंद से अधिक भारी नहीं है
ब्रह्मांड लट्टू की तरह नाचता है बस्ते में
दुनिया की सारी खनिज सम्पदा, सारा ज्ञान
इतना हलका है कि उठाकर सरपट
दौड़ सकते हैं बच्चे
फिर क्यों भारी है बस्ता

कोई है—
कोई है जो छुप रहा है अबोध बस्ते में
कोई है जो फैल रहा है नाबोज शाखों पर
कोई है जो डंक मार रहा है
तितली के पंखों-सी कोमल दुनिया पर

माताएँ
क्यों नहीं खयाल करती नाजुक कंधों का
रीढ़ का झुकना क्यों नहीं देखते पिता
शिक्षक ही क्यों नहीं कह देते

कि हत्यारों के छुपने की जगह यह नहीं हो सकती
बच्चों की
साँस फूल रही है, पाँव काँप रहे हैं
इस तरह कितनी दूर जाएँगे बच्चे

दूर...
बहुत दूर जाना है बच्चों को।

तुलसी

तंत्रों में उगी
मंत्रों में उगी
मेरे आँगन में नहीं उगी तुलसी

गंगा की मिट्‌टी माँ ले आई
सात नदियों का जल ले आए पिता
भाई ने चौरा बनाया
लगाया
और नहीं उगी तुलसी
मेरे घावों में नहीं उगी तुलसी

गीतों में उगी
मनौतियों में उगी
मेरे खाँसी के काढ़े में नहीं उगी तुलसी

जख्म नासूर हुए नहीं उगी
सपने बिला गए नहीं उगी
नहीं उगी...नहीं उगी
नहीं उगी
मेरे आँगन में नहीं उगी तुलसी।

गाँठें

गहमागहमी—
बिलकुल अजीब-सी रस्साकसी है
गाँठ चढ़ाने के लिए तत्पर हाथ
और एक ही रस्सी के दो सिरों के बीच

चल रहे हैं हाथ
और तन रहे हैं रस्सी के सिरे
अपनी जिद्द अपनी गिरह लेकर खड़े हैं
सब के सब

रस्सी के
दो सिरों के बीच
तीखी और घुटन-भरी कड़वाहट फैल गई है
और गरम है बतकही

एक ही रस्सी के दो सिरों के बीच
नाच रही है हवा
जैसे फिर मथा जा रहा हो सागर

रस्सी के
एक सिरे पर इतिहास खड़ा है
दूसरे पर धर्म और साहित्य

इंद्र ने ऐरावत भेज दिया है एक सिरे पर
दूसरे पर गरम हो रही हैं सूरज की किरणें

कब खत्म होगी रस्साकसी
कितनी बार बिखरेगा बोझा
गाँठ की—
जोर आजमाइश में झड़ रहे हैं दाने
छोटी हो रही है रस्सी
और बीत रहा है बुआई का मौसम

इस वक्त
मैं लिखने की मेज पर नहीं
रस्सी के अपने उस छोर पर खड़ा हूँ
जो मेरे गाँव के सबसे बूढ़े आदमी की
तलहथियों के बीच आकार ले रही है

मैं सरसों के खेत में
अपने उस मेड़ पर खड़ा हूँ जहाँ फूल
सितारों को जीभ बिरा रहे हैं—मेरे भीतर
चमक रही है बोझ पर चढ़ी
कसी हुई मुकम्मिल गाँठें।

देख कबीरा रोया

किसके आगे रोए कबीरा
किसससे कहे दुख

दिन-दिन भर हाड़ खटाए
रात-रात भर नींद न आए
और हाल
वह क्या बताए

किसी ने खरीद लिया जन्नत का सुख
किसी ने बेच दी पुरखों की नदी

कोई खोल ले गया दरवाजे पर बँधी गाय
कोई उठा ले गया स्कूल से लौटता बच्चा
किसी ने अस्मत लूटी
किसी ने जला दी दुकान

जब गीतों में नहीं ढल पाया दुख
तो कबीरा रोया—
देख कबीरा रोया साधो, देख कबीरा रोया।

निवेदन

पीतल के परात में मत खोजना मुझे
मत खोजना फूल-बेल-पत्रों के नीचे
अँजुरी-भर जल में
जैसे अनतफल

मेरे लिए पहाड़ पर मत जाना
मत देखना नदी का गाँव

परेशान मत होना मेरे लिए

अँधेरे में
कुछ टटोल रहे होंगे तुम्हारे हाथ
दिराखे पर मिल जाऊँगा मैं
कविताओं के साथ

मुझे देखकर
हँसी आएगी तुम्हें कि
तुमने ही भरा था ढिबरी में तेल
तुमने ही रख दी थी वहाँ माचिस।

कविता

कला से
कम नहीं होते अनुभव
ध्वनियों और हलचलों से कम नहीं होती खामोशी
अनिवार्यता से कम नहीं होती कविता

कविता के बारे में
मुझे
वे जरूरतें याद आईं
जिन्हें किसी भी तरह टालना मुश्किल था

और—
जरा-सा वह जोरन
जिसने मेरे दूध का भूगोल बदल दिया।

मुझे शब्द दो

मेरी दैनिक क्रियाओं मुझे शब्द दो
मेरी कल्पना मेरे विस्तार मुझे शब्द दो
हे असीम और निराकार नभ
मुझे शब्द दो

कनेर के फूलों और मकई के खिच्चा दानों में
दूध की तरह जीवन में शरीक
और कुलीनता की भाषा के बाहर
शरीर पर
रोएँ की तरह खड़े हो जाने वाले शब्द
मुझे कविता के लिए दो

घिस चुके
और घायल शब्दों से मेरा काम नहीं चलता
जरूरत के वक्त उनके अर्थ बदल जाते हैं
मैं ठीक से नहीं कह पाता अपनी बात

जाने कितने प्रलय
जाने कितने भूडोल के बाद भी अजर-अमर
और पल-पल परिवर्तनशील
हे जीवन
मुझे शब्द दो

धान के बीजड़ों की तरह जल्दी जड़ पकड़ने वाले
और सेमल की फूहियों की तरह
उजबुजाहट की उष्मा से फूटकर
आसमान में उड़ने वाले
निर्भार
और आवारा शब्द।

खैनी की डिबिया

यह कोई घटना नहीं थी
दुर्घटना तो कतई थी ही नहीं
महज संयोग था कि हम खड़े थे सड़क के किनारे
और हड़-हड़, खड़-खड़ करते सामने से
गुजर गया ट्रैक्टर

ट्रैक्टर के गुजरने में भी
आखिर क्या हो सकता था हमारे लिए
वो तो ड्राइवर के पास वाली जगह से गिरी थी
प्लास्टिक की नन्ही-सी डिबिया
और बावले पन में
दौड़ गई ट्रैक्टर के पीछे

हमें अच्छा लगा
डिबिया का ट्रैक्टर के पीछे दौड़ना

ट्रैक्टर
शहर के बाहर जब किसी भट्ठे पर रुकेगा
उतरेंगे और ईंटों की लदान के ठीक पहले
जब कोई मजूर
अपने कमर के फेंटे पर ले जाएगा हाथ

पछताएगा
और हार कर निहारेगा अपने साथियों को...

उसे क्या पता
किस गति से उसका पीछा किया था
इस नन्ही-सी जान ने, किस अधीरता से दी थी
उसे आवाज।

आहटें

बँसवार में
जैसे बाँस की जड़ों से फूटते हैं उनके कोंपल
जीवन में शामिल होता है
नया जीवन

पानी के हहराते वेग में शामिल होता है
उसका ठहराव
और हवा का रुख

क्रान्ति जैसा कहीं कुछ नहीं होता

जिनकी रोजमर्रा पर किसी का ध्यान न था
जिनके श्रम, जिनकी ईमानदारी का कोई अर्थ न था
दुनिया को
कल तक जिनकी कोई जरूरत नहीं थी

सावधान।
मिट्टी में उनके चलने की आहट मिल रही है।

जड़ों की ओर

जड़ों में लौटने के अपने नियम हैं
जड़ होने के अपने

सामने से आती रोशनी की चकाचौंध में
जिन्हें बन्दर दिखाई देते हैं अपने
पुरखे
उन्हें, कुछ अधिक नजर आता है
खतरा—जड़ होने का

पुराने पत्ते झाड़कर
जब
अपनी जड़ों में लौटते हैं पेड़
फुनगी और पोर-पोर में फूटती है
हरियाली की सिहरन

जैसे पीछे खिंचती है प्रत्यंचा की डोर
खिंचेगी—
मध्य युग की ओर नहीं लौटेगी यह दुनिया।

बौर

खूब बौर आए हैं इस बार
टूसा-टूसा निकला है मुकुट बाँध

फागुन की बतास में रंगों के पकने का उत्सव है
टिकोरों के झाँकने
और आकार लेने का मौसम

पृथ्वी के रंगीन कलश पर दीया जला है मधुमास का

जाने कितनी बार बौर आए
आए टिकोरे
आमों के टपकने और चूस खाने के दिन
नहीं आए

फिर भी क्यों अच्छी लगती है कोयल की कूक
फिर क्यों पुलकित है मन

धरती के
जाने किस भाग में छुपी होती हैं उम्मीदें
जीवन का जाने कौन हिस्सा फेंकता है टूसा
कि धरी रह जाती है

धरी रह जाती हैं शोकाकुल स्मृतियाँ
और आगे—
बहुत आगे निकल जाती है जय-ध्वनि

हरित-महादेव

बहुत दिनों तक खाली रहे हाथ
बहुत दिनों तक खाली रहे खेत
अब आएँगे—
कजरी और धान रोपी गीतों के दिन

घूर बहुत पड़ा खेतों में
जुताई वक्त पर और गहरी हुई
खूब जले ढेले
खूब बरसा पानी

अब आएँगे परिहथ पर हाथ फेरने
और ट्रैक्टर के बोनट पर खड़े
बीजड़ों को
आवाज देने के दिन

संकोच
और जीवित अहसास के साथ
दूध की हलचलों से भरा जैसे माँ का थन पुकारता है
अपने शिशुओं को आवाज देती है
मिट्टी की नमी

हरियर!
हरियर महादेव, हरियर!!

लखन उस्ताद

हाथ में चमचमाता छूरा लिये छुट्टा घूम रहा है
लखन राम

शाम छह के आस-पास
रोज फहराता है उसका नशा
लगभग रोज उपस्थित होते हैं
रोचक नजारे

किसी को छुए बगैर गुजरती है
उसकी गालियाँ
कोई नहीं डरता उसके छूरे से

सलाम लखन उस्ताद कहते हैं
हँसते हैं
और भाग जाते हैं पछुआ खींच
चाय की दुकान में बर्तन धोने वाले छोकरे

कमाता
खाता-पीता आदमी है लखन राम
कुछ अधिक खुल गया है

बहुत तरह से बहुत खुल गए हैं
बहुत सारे लोग

नैतिकता
नियंत्रण की कोई रेखा नहीं
सबको बल देती है दर्शकों की हँसी
सड़क के
किसी कोने से या नाली के मुहाने से
जब तक उठा न ले जाए उसकी बीबी
लखन उस्ताद—
होने का अपना मजा है लखन राम का।

बारिश

तपिश के दिन
नदी की तलों में समा रहे हैं
उन्हें धो रही है मूसलाधार

जहाँ-जहाँ गुजरी है बारिश
लोग तैयार होने लगे हैं
जो चुप थे भय से, बोलने लगे हैं
जिस झुरमुट में मिली थी मुक्तिबोध की लाश
वहाँ पंछी गाने लगे हैं

जहरीले साँपों की गर्दन में
समय
मरे हुए छछूँदर की तरह अटक गया है

आह!
कितनी अच्छी बारिश है यह
शर्मनाक दिनों को धो देने वाली बारिश
यही वक्त है जब कविता को शरीक हो जाना चाहिए
जीवन प्रसंगों की तीव्रता में

गिर रही है पुरानी भीत
नई भीत उठेगी

एक बार फिर लहराएगा
धान की बालियों में हमारी माताओं का दूध

आह!
कितनी अच्छी बारिश है यह

धरती के दुश्मनों के पड़ताल और विनाश की बारिश
शर्मनाक दिनों को डुबो देने की बारिश
कितनी अच्छी है यह, बुवाई के मौसम में
बीजों की बारिश।

छींक

डॉ. शुक्ला के दुख जितने बड़े हैं
उससे बड़ी है उनकी दुविधाएँ

पटना जाने के लिए तैयार होकर निकले थे
कि मधु ने छींक दिया
कमबख्त को
जरूरत क्या थी टाटा करने की

मामूली नहीं हो सकती मधु की यह छींक
उनके पिता की मौत के ठीक आधा घंटा पहले
छींक आई थी बुआ को, दादी की छींक के दिन
हार गए थे उनके दादा
पचास एकड़ जमीन का मुकदमा

उनके चेहरे पर तैर रही थी यात्रा की अदृश्य बाधाएँ
रेल-दुर्घटना, तोड़-फोड़
हत्या
सम्बन्धित सचिव का नहीं मिलना
और हो सकते थे जितने भी अपशकुन
तैर गए
स्याह पड़ गया उनका चेहरा, यात्रा स्थगित

इलाके के नामी चिकित्सक हैं शुक्ला
पेट में चीरा लगाकर बात निकाल सकते हैं
हाथ पकड़ जान लेते हैं भीतर के अंगों की व्यथा
हम क्या कहें उनकी आस्था
उनकी मनाहियाँ
और उनके विज्ञान को

उनका रास्ता बिल्ली काट देती है
दिन और दिशा का चाहे जितना करें हिसाब
कोई टोक देता है

आपको यह जानकर दुख होगा मित्रों
छह साल की इकलौती
मोम की मूरत-सी मधु की छींक ने
डॉ. शुक्ला का तबादला करा दिया।

ठोरा

सात मामा थे ठोरा के, सात थी मामियाँ
सातों अगड़धत
जब किसी ने पानी नहीं पूछा तो कुएँ में समा।
भभककर निकलता था इस राह

भयंकर प्रवाह—
अतुल जल-राशि कहाँ गुम हो गई
कहाँ गई मल्ल-युद्ध की महारथी लहरें
रेल की पटरी की तरह दूर-दूर तक खाली
ठोरा का रास्ता

ठोरा के पेट पर उग आए हैं पाँव

मरी हुई बकरी की तरह तट से
बँधी है नाव

यह तो सिर्फ मल्लाह जानता है या इलाके के किसान
कि मामाओं की नफरत और कुएँ की गहराई
जब नहीं रोक सकी ठोरा का रास्ता
तो कोई नहीं रोक सकता

वह तो चीर कर पार कर जाता गंगा की धारा
मगर औरत का सत और किसानों के दुख ने

उलीच दिया उसे खेतों से

बालक है ठोरा
माताएँ दूध चढ़ा रही हैं
गीत गा रही हैं और ठोरा
उनके सपनों के कोने में पैठा
पौधों की जड़ों से फुनगी तक पहुँच रहा है

हरे भरे पत्तों और बालियों में उछल रही हैं उसकी लहरें

इसी इलाके के किसान का बेटा है ठोरा
सबसे अधिक जानता है
धरती
और धन-खेती का दुख।

रोता हुआ बच्चा

बच्चे के पास कलम नहीं थी

स्कूल का होमवर्क पूरा करना था
इसलिए रो रहा था

देखो—
हमारे पास भी वहुत सारी चीजें नहीं हैं
तन पर ठीक ढंग कपड़ा
अपना एक घर भी नहीं है
हम तो नहीं रोते कभी

उसने जैसे सुना ही नहीं—रोता रहा
सूरज उग आया, सूरज डूब गया
उसके रोने के बीच

वह रोता रहा—रोता रहा
लगा कि पूरी शताब्दी बीत जाएगी
और वह रोता रहेगा,

उस पर दया नहीं गुस्सा आ रहा था

मैंने उसे फुसलाया—वह रोता रहा
मैंने उसे डाँटा—वह रोता रहा

मैंने कस कर तमाचे लगाए
वह रोता रहा
आखिर परास्त हो गए हम
बच्चे के रोने से
सबसे गजब तो यह था
कि परास्त होकर भी हम चुप थे
खुश भी...।

कहाँ जाओगे

सुनो
बनिए के तगादे
और बारिश से भयभीत कहाँ जाओगे

घोंसला गिर जाता है
फिर भी डाल नहीं छोड़ते पंछी

मछली की पीठ पर बसे
गाँवों में
हर साल आती है बाढ़ और धो ले जाती है घर-बार
फिर भी बचा रहता है जीवन
फिर भी बची रहती है उम्मीदें

लाख सटी हो आपस में मिट्टी
जैसे प्रवेश कर जाता है
पानी
दुख आ ही जाते हैं जीवन में

अगर
ट्रैक्टर और थ्रेसर के पीछे खड़े हो सकते हैं
हमारे बैल

अगर डीजल पंप की धार में शामिल हो सकती है
हमारी रेहट

हमारे दुख—जरूर शामिल होंगे
इससे उबरने के संकल्पों और जीवन के
सुन्दरतम दृश्यों में
पाँक से नहीं डरते पृथ्वी पर
पकड़ रखने वाले

हम—
फिर से तय करेंगे अपना वैभव
फिर से तय होगी हमारी
आत्मनिर्भरता।

इंतजार

मुझे नदी का वह खत नहीं मिला
कि आ जाओ
नहाने के दिन हैं

खत मिला
कि छप्पर टपक रहा है
तुम्हारी पत्नी ननदों को ताने मारती है
और पड़ोसी पारस नाथ की गाय
पपीता चर गई

खत मिला
कि मेरे दोस्त की बहिन चिड़िया हो गई
और फगुआ का गोल बँट गया

अक्सर
ललक उठती है गाँव जाने की
और मरती जाती हैं इच्छाएँ
भाँग के नशे की तरह
रह-रह
लहर मारता है गाँव का दुख

नदी
चैत के खेत और अगहन के अमरूदों ने
जरूर लिखे होंगे मुझे खत
मुझे अब भी यकीन है कि
सबने बुलाया होगा
मेरे घर की नींव
और गाँव के रास्तों पर जैसे
नाले का पानी और कीचड़ सवार है
कोई है—
कोई है जो बैठ गया है
मेरे खतों, सबसे जरूरी खतों पर

मुझे इंतजार है—
अपने उन तमाम खतों का
जो मुझे अब तक नहीं मिले।

अन्नपूर्णा

जरा मदद करो बाबू
घंटे भर से खड़ी हूँ यहाँ
और फटी साड़ी का बीठा बनाने लगी
जैसे पूरा यकीन हो कि उठाऊँगा ही

कविता—
ऐसे ही तीव्र करती है जीवन प्रसंगों को
इतनी-सी मदद जरूर करनी चाहिए मुझे
इस औरत की
मैंने खुद से कहा था

नंगे पाँव
गेहूँ के इस खेत से पहाड़ ले जाएगी
यह औरत, कोस भर
सोचकर
मैंने पूरी नजर से देखा था

चार हथेलियाँ पेंदे में झुकी
चार पाँवों ने प्रतिबल लिया पृथ्वी से
ठीक समय सिर झुकाया उसने
ठीक जगह टेका
मत्था—

इतना तक तो ठीक ही ठीक था
फितूर हवा को समा गया एकाएक
धूल उड़ी
और नाचती हुई रुक गई मेरी आँखों में
मेरे हाथ कमजोर पड़े, पाँव मुड़े और मैं
चारों खाने चित...

दूसरे पल उसकी आँखें चमकीं
जैसे सूरज को नचा कर फेंका उसने
उसके आँचल में नरम हो गई धूप
हवा नम

उसने हाथ पकड़ मुझे उठाया

महीना था चैत का, धूप तेज थी
सचमुच की तेज
हवा कभी धीमे—कभी तेज चल रही थी
इससे पहले कि कोई और बवंडर उठे मैं
विदा हो गया था पसीने से लस्स
आँखें मलते

अगले दिन
उसके अगले दिन और उसके अगले दिन भी
मैं जानबूझ कर गया था, चैत के उसी खेत में
न तो साँवली औरत मिली
न बोझ
वहाँ एक गाय—
फसल कटने के बाद हरी दूब चर रही थी
एक चिड़िया के चोंच दानों से भरे थे
मेरे लिए तो यह भी बहुत था...।

एक सर्द रात की कथा

अस्पताल के कोने में
हरसिंगार तले बैठे उस आदमी ने
ठंड को कसाई नहीं कहा, नहीं
हवा को हिंस्र-पशु

चुपचाप उठा—
और कहीं से उठा साइकिल का पुराना टायर
जलाई अलाव

मरीजों के
घाव से उतार फेंकी गई पट्टियाँ
कचरे में छुपे कागज, पुआल
और मिठाई के फेंक दिए गए डब्बों से
उसने पूरी कोशिश की आग को बचाए रखने की

आखिरकार
जब खत्म हो गए उसके सारे उपाय
तो उसने अपनी चीकट चादर उतारी
और इतमिनान से
अलाव पर रख दिया

अपनी नवीन खोज की खुशी से
भीग गया भीतर तक
ठंड तेज थी
सचमुच की तेज, मौसम विभाग तापमान
और अखबार मृतकों के आँकड़ों में मशगूल थे
खैरात में बाँटने के लिए लकड़ी पर
जब चल रही थी बहस

उसने अपना फटा कोट उतारा
और अलाव पर रख दिया
उसने कुर्ता और गंजी उतारी
बिना बटन की पैंट उतारते वक्त पलभर सहमा
फिर उतार दिया

इस सर्द रात में
उसके जरा-सी आँच से गरम होता रहा शहर

अगली सुबह—
अलाव के पास वह
कुछ इस तरह पड़ा था जैसे
फूँक मारने के प्रयास में गिरा हो
आग पैदा करने की वह शायद आखिरी कोशिश थी।

शबरी के पिता

पिता के आने की खबर सुन
कुछ कह नहीं पाई और
आँख भर आई

लोटा में
पानी ले आई, धोया गिलास
पीतल के थाल में धोएगी पाँव
यह तो भाग है शबरी का कि आ गए
पिता

कुछ मत पूछना
कुछ मत पूछना पिता, यह भी नहीं
कि कैसी हो बेटी, कैसे कट रहे हैं दिन
कहने को तो कह ही देगी ठीक
बिलकुल ठीक
कौन बेटी चाहेगी कि दुखी हों पिता

जूते की आहट से जान लेती थी शबरी
कि पिता आ रहे हैं
आज भी जान लेगी कि पार कर गए हैं चौखट
बरामदा, इस घर में है उनकी बेटी
परदे पर कढ़े फूल से समझ जाएँगे

साड़ी का पल्लू माथे पर चढ़ाया
और थिर हो गई
देर हुई
तो पुन: बिस्तरा झाड़ा
दीवार से झोल उतारा, बक्से पर
कपड़ा डाला
और कुछ न बचा करने को तो रो पड़ी
लोटा फुटहा था—रिस गई शबरी
शंकाएँ जीतीं—हार गई शबरी
आए थे पिता चले गए

जाते हुए
काँप रहे होंगे पिता के पाँव...।

मैं गाँव आऊँगा

दीवाली और छठ के बीच
जब नाटक खेलते हैं गाँव के लड़के
पिता—
तारीख लिखना—मैं आऊँगा

मैं जानता हूँ—
तुम्हारी आँखों में सूरज निकल आएगा
तुम खूब बताओगे लोगों से कि तुम्हारा लड़का
कविता लिखता है, शहर में रहता है
तब भी तुम्हारे होंठों पर क्या छुपा रह जाएगा
मैं ठीक से जानता हूँ

रहने दीजिए—
अब इस बात में क्या है कि बहनें राखी नहीं भेजतीं
और मैं गाँव के पास जाकर
मैं घर नहीं जाता

हालाँकि हम नहीं चाहते ऐसा कुछ
लेकिन क्या करोगे—समय ही कुछ ऐसा है
मैं अपने को समझा रहा हूँ
तुम अपने को समझाना

भाई अभी छोटे हैं—उन्हें पढ़ाना
नौकरी नहीं मिलेगी—फिर भी पढ़ाना
पढ़-लिखकर मेरी तरह ही होंगे वे भी
रहेंगे नजदीक
और आएँगे किसी नाटक के दिन
किसी पर अधिक भरोसा मत करना
सोने के वक्त ताले पर भी नहीं

मैं ठीक से नहीं कह पाता अपनी बात
तुम ठीक से समझना
और माँ को भी समझा देना
चश्मा का नम्बर बदलवा लेना
और नहाने के पहले पाँवों में सरसों का तेल मलना
यही तुम्हारे काम आएँगे

नाटक के दिन—
जब चौकियाँ जुट चुकी होंगी
खम्भे गाड़े जा चुके होंगे—परदे बाँधे जा चुके होंगे
मैं आऊँगा
मेरे लिए छोटी-सी भूमिका बचा कर रखना
जिसमें ज्यादा नाटक की जरूरत न हो
और सहज हो संवाद...।

दियारे की लड़की

माटी में
थोड़ी-सी धूप मिलाकर
बनी हो तुम...

मुँह अँधेरे
चूड़ियाँ बजाकर
जब रात को विदा देती हो
पृथ्वी—
सद्य: सुहागन बनी
तुम्हारे आँचल में
हल्दी
और दूब का टूसा रख देती है
चुपचाप...।

पीपल के नवजात पत्ते-सी कोमल
सुकन्ये
तुम्हारा तन
किसी गाय का दूध भरा थन है
काले घने लम्बे
इन बालों में
जरूर लगाया होगा तुमने
बरोह-बट वृक्ष का

धूप का समुद्र
तुम्हें अपनी फेनिल तरंगों से नहलाता है
हवा
गति की हजार कंघियों से तुम्हारे केश सँवारती है
तुम्हारे तन से
पसीने की शक्ल में हजार-हजार होकर
नदियाँ फूटती हैं...

घर से
खेत मेड़ अमराई की निरंतर यात्रा में
मीठी-तीखी धुन-सी बजती हुई
तुम्हें पता भी नहीं चलता
कैसे बीत गया यह लम्बा दिन
और कब
रात ने
आसमान की थाली में सितारे परोस दिये

अल्यूमिनियम की कटोरी में सरसों का तेल लिये
पिता के बुढ़ापे की थकान
उँगलियाँ चटखा कर निकालते हुए
तुम
उन बूढ़ी आँखों को पढ़ती हो
जिनमें अँखुआ नहीं पाई
तुम्हारी हल्दी की गाँठ

इस बूढ़े पिता के लिए तुम पहाड़ी सफर हो वन्ये
जिससे गुजरते मोच खा गए हैं
सपनों के पाँव
तभी
रोजी कमाते
कंडे थापते

अपनी साँस के हर महीन धागे का इस्तेमाल कर
अपना भविष्य बुनती हुई
उस पेट से लड़ती हो
जिसे हर सुबह थापकर
शाम
बिथरा देती है
जब कभी
असहाय-सा बूढ़ा मौत को माँ की तरह पुकारता है
तुम बरगद हो जाती हो छितनार

चोट खाए सपनों को
अपनी शाखों पर झुलाती हुई जताया करती हो
कि तुम
गंगा के तटवर्ती उन गाँवों की लड़की हो
जो छह साल की उम्र से, खेतों में साग खोंटकर
बिनिया कर
घर चलाती है और पेट के बल
पार कर जाती है धार की चौड़ी नदी

तुम गंगा के तटवर्ती उन गाँवों की लड़की हो
जहाँ पाँव खजूर हो जाते हैं
हाथ बबूल
तब भी खड़ी रहती हो खेतों में
ताकि बचा रहे पौधों में रस
और लकड़ियों में आग

तुम गंगा के तटवर्ती उन गाँवों की लड़की हो
जहाँ सूरज आँखों से उगता है
पाँव-पाँव दोपहर चढ़ती है
और थकान के साथ
शाम

उनींदी होकर
बैलों के गर्दन की घंटी की तरह बज उठती है

तुम घर के आँवे में पकी हो सरले
तुम्हारे भीतर पगलाई नदियों का प्रवाह है
मिठास है कुँलवासी टिकोरे की
और तुम
इस दुनिया के दुध-मुँहे को
उतावली लता-सी प्यार करती हो
जब धूप
तुम्हारे आँचल के फटे छोर से
चोरी-चोरी झाँक रही थी
हवा ने चुपके से तुम्हारा आँचल खींच लिया था
सच कहता हूँ—
साँप लोट गए थे अमराइयों के सीने पर

ऐसे में पृथ्वी ने खुद थमाया था तुम्हें
तुम्हारा आँचल
वरना आसमान भी झुकने लगा था

और तुम भी अजीब थी साँवली
साड़ी सँभालती दुहरी हो गई थी
लाजवंती के पौध-सी
सुबह के आकाश का सारा सिंदूर तुम्हारे चेहरे पर
फैल गया था
और तुम्हारे शोख कदम कुछ ऐसे बढ़े थे
जैसे कोई नवगँछुली उमस के बाद
मेघ मना रही हो...।